Trees ▪ *Arbres* ▪ Bäume

Photographs of Magnum Photos • *Photographies de Magnum Photos* • **Fotografien von Magnum Photos**

·TERRAIL·
PHOTO

■ Editor: Jean-Claude Dubost
Desk Editor: Caroline Broué
Graphic design: Véronique Rossi
Iconographic and artistic coordination at Magnum Photos:
Marie-Christine Biebuyck and Agnès Sire,
assisted by Philippe Devernay, Marta Campos and Inessa Quenum
English translation: Glenn Naumovitz
Photoengraving: Litho Service T. Zamboni, Verona

© FINEST SA / EDITIONS PIERRE TERRAIL, Paris, 1998
The Art Book Subsidiary of BAYARD PRESSE SA
Magnum Photos, Paris, 1998
ISBN 2-87939-193-8
English edition: © 1998
Publication number: 239
Printed in Italy.

■ *Direction éditoriale : Jean-Claude Dubost*
Assistante éditoriale : Caroline Broué
Conception et réalisation graphique : Véronique Rossi
Direction iconographique et artistique à Magnum Photos :
Marie-Christine Biebuyck et Agnès Sire,
assistées de Philippe Devernay, Marta Campos et Inessa Quenum
Traduction anglaise : Glenn Naumovitz
Traduction allemande : Inge Hanneforth
Photogravure : Litho Service T. Zamboni, Vérone

© FINEST SA / ÉDITIONS PIERRE TERRAIL, Paris, 1998
La filiale Livres d'art de BAYARD PRESSE SA
Magnum Photos, Paris, 1998
ISBN 2-87939-182-2
N° d'éditeur : 239
Dépôt légal : octobre 1998
Imprimé en Italie.

■ Verlegerische Leitung: Jean-Claude Dubost
Verantwortlich für die Ausgabe: Caroline Broué
Buchgestaltung: Véronique Rossi
Bildredaktion und gragische Gestaltung für Magnum Photos:
Marie-Christine Biebuyck, Agnès Sire;
Assistenten: Philippe Devernay, Marta Campos, Inessa Quenum
Deutsche Übersetzung: Inge Hanneforth
Farblithos: Litho Service T. Zamboni, Verona

© FINEST SA / EDITIONS PIERRE TERRAIL, Paris, 1998
Der Bereich Kunstbücher von BAYARD PRESSE SA
Magnum Photos, Paris, 1998
ISBN 2-87939-193-8
Deutsche Ausgabe: © 1998
Verlegernummer: 239
Printed in Italy.

A leafless tree lost in the middle of a field, a close-up of bark on a roadside trunk and the yellow and red autumn woods are some of the scenes that have been shot by Magnum photographers. The result is both harmonious and varied, for, starting out with trees as their single motif, the photographers offer us an unbelievable diversity of subjects and perspectives. Some of them are still-lives, like the misty landscape in the Alpes-de-Haute-Provence department. Others are anecdotal, like the candid shot of a woman in the Tuileries garden in Paris by Elliott Erwitt.

These pictures evoke different things and appeal to a wide range of feelings. What, for example, is the common ground between the unreal Normandy landscape photographed by Gueorgui Pinkhassov, the frozen trees in the small town of Jilin, Mongolia by Hiroji Kubota and the wrestling match between two men in the Sudan, witnessed by a tree, by George Rodger? The first picture is tinged with poetry, the second shows an astonishing meteorological phenomenon and the third, in which the tree seems to be imitating the movement of the men's legs, possesses a striking graphic beauty.

From the roots of the kapok tree overrunning the temples of Angkor to the magnified shadow cast by a tree on the ground in Pakistan, from the lone tree to the forest, from trees with lush foliage or stripped trunks being shipped to a sawmill, these variations on a theme explore the complexity of an entire world.

Each picture describes a subjective reality that everyone can interpret according to their own codes and sensibilities. That is the equivocal, enchanting side of photography. This diversity of perspectives is both plural and ambiguous. Some pictures call forth several levels of interpretations, like the photo by Lise Sarfati in which the tree appears in the background on the wallpaper of a rundown room. A table, whose tablecloth is printed with a design of tomatoes and flowers, and two seated men in profile are in the foreground. At least that's the first possible analysis that can be made. But the caption tells us this is a psychiatric hospital in Moscow. So the tree on the wallpaper, the tomato-and-flower-printed tablecloth and the green wall take on another dimension. They are symbols of lost nature and freedom. Our view of the two men becomes more serious.

Magnum agency photographers have captured life's treasures and contradictions such as they saw them in their chance encounters. The trees are first shown in their natural environment, then among people. They are seen in the country and in the city. Trees are at the heart of environmental issues, the victims of pollution and the climate and the privileged witnesses of social, cultural and political events. They are a symbol that the photographer's eye captures in all its depth.

J e a n - C l a u d e   D u b o s t

Un arbre effeuillé perdu dans un champ, un gros plan sur l'écorce d'un tronc planté au bord d'une route, un sous-bois jaune et rouge à l'automne... C'est à une promenade au milieu des arbres que les photographes de Magnum nous invitent.

L'ensemble est à la fois harmonieux et hétéroclite, car à partir d'un motif unique, l'arbre, les photographes nous offrent une incroyable diversité de sujets et de regards. Tantôt natures mortes, comme ce paysage brumeux des Alpes-de-Haute-Provence en ouverture, tantôt anecdotiques, telle cette dame surprise par Elliott Erwitt dans le jardin des Tuileries à Paris, ces photos évoquent des situations différentes et font appel à des émotions diverses.

Quoi de comparable par exemple dans ce paysage irréel de Normandie, pris par Gueorgui Pinkhassov, ces arbres gelés dans la petite ville de Jilin en Mongolie vus par Hiroji Kubota, et cette lutte entre deux hommes au Soudan, qui a pour témoin un arbre, photographiée par George Rodger ? La première image est empreinte de poésie, la deuxième montre un phénomène climatique surprenant, la troisième, avec cet arbre qui semble imiter le mouvement de jambes des deux hommes, est d'une beauté graphique frappante.

Des racines du fromager envahissant les temples d'Angkor à l'ombre magnifiée d'un arbre sur le sol au Pakistan, de l'arbre isolé ou en forêt, touffu ou dépouillé, au tronc découpé et transporté par l'homme, c'est toute la complexité du monde que l'on (re)découvre à travers cette variation sur un même thème.

Chaque image décrit une réalité subjective, que chacun peut interpréter selon ses propres codes et sa sensibilité : c'est le côté équivoque et enchanteur de la photographie. Cette diversité des regards est à la fois pluralité et ambiguïté. Certains clichés permettent plusieurs niveaux de lecture, comme cette photo de Lise Sarfati, où l'arbre apparaît en arrière-fond sur le papier peint abîmé d'une salle vétuste, avec au premier plan une table dont la nappe est ornée de fleurs jaunes et de tomates, et à gauche deux hommes assis, de profil. Telle est du moins la première analyse descriptive que l'on peut faire. Puis on lit la légende qui fait référence à un hôpital psychiatrique à Moscou. Alors, l'arbre sur le papier peint, la nappe avec ses fleurs et ses tomates, le mur de couleur verte prennent une autre dimension, symboles d'une nature perdue, d'une liberté blessée. Quant à notre regard porté sur les deux hommes, il devient plus grave.

Les photographies de l'agence Magnum témoignent ainsi des trésors et des contradictions de la vie, telle que les auteurs la surprennent au hasard de leurs rencontres. Présenté d'abord dans son milieu naturel, puis parmi les hommes, l'arbre nous accompagne dans une balade champêtre et urbaine. Placé au cœur des problèmes d'environnement, victime de la pollution ou du climat, il demeure un témoin privilégié d'événements sociaux, culturels et politiques... et un symbole que le regard averti du photographe saisit dans toute sa profondeur.

Jean-Claude Dubost

Ein Baum ohne Blätter, verloren auf einem Feld, das Close-up der Rinde eines Baumstammes am Straßenrand, ein herbstlich verfärbtes Gehölz in Gelb und Rot ... Die Fotografen von Magnum laden uns zu einem Spaziergang unter Bäumen ein. Die hier abgebildeten Fotos sind sowohl harmonisch als auch bunt zusammengewürfelt, denn von einem einzigen Motiv zeigen uns die Fotografen unglaublich vielfältige Themen und Ansichten. Einmal sind es Stilleben, wie gleich zu Anfang die Alpen-Nebellandschaft in der Haute-Provence, und dann ist es etwas besonders Anekdotisches wie die in den Pariser Tuilerien von Elliott Erwitt überraschte Frau: Fotos, die jedem etwas anderes sagen und unterschiedliche Emotionen hervorrufen. Unvergleichbar auch die von Gueorgui Pinkhassov festgehaltene irreale Landschaft in der Normandie, die von Hiroji Kubota abgelichteten frostharten Bäume in der kleinen Stadt Jilin in der Mongolei und der von George Rodger fotografierte Kampf zweier Männer im Sudan, mit einem Baum als Zeuge. Das erste Foto ist voller Poesie, das zweite zeigt eine erstaunliche klimatische Erscheinung, und das dritte, mit dem Baum, der die Beine der Männer zu imitieren scheint, besticht aufgrund seiner grafischen Schönheit.

Von den auf die Tempel von Angkor übergreifenden Wurzeln des Kapokbaumes bis zum Baum im Wald, belaubt oder kahl, von den Menschen zersägt und abtransportiert, läßt uns dieses Thema die ganze Komplexität der Welt (wieder) entdecken.

Jedes Bild beschreibt eine subjektive Realität, die jeder entsprechend seiner Sensibilität interpretiert und entschlüsselt. Die unterschiedlichen Betrachtungsweisen machen das eigentlich Mysteriöse und Bezaubernde der Fotografie aus. Einige Aufnahmen verlangen regelrecht nach unterschiedlichen Interpretationen, etwa die von Lise Sarfati, auf der der Baum als Hintergrund auf einer alten Tapete eines baufälligen Raumes zu sehen ist, mit einem Tisch im Vordergrund, dessen Decke gelbe Blumen und Tomaten zieren und an dem links zwei im Profil abgelichtete Männer sitzen. Das sieht man zumindest auf den ersten Blick. Dann aber klärt uns die Bildunterschrift darüber auf, daß es sich um ein psychiatrisches Krankenhaus in Moskau handelt. In dem Moment erhalten der Baum auf der Tapete, das Tischtuch mit seinen Blumen und Tomaten und die grüne Wand als Symbol einer verlorenen Natur und einer verletzten Freiheit eine ganz andere Dimension. Die Aufmerksamkeit, die man den beiden Männern zukommen läßt, wird in dem Moment gewichtiger.

Die Fotos der Agentur Magnum sind somit Zeugen der Schätze und Widersprüche des Lebens - eingefangen von den Fotografen bei ihren zufälligen Begegnungen. Der Baum, zunächst in seiner natürlichen Umgebung und dann unter den Menschen gezeigt, begleitet uns auf einem Spaziergang in Stadt und Land. Ob im Mittelpunkt der Umweltprobleme, Opfer der Luftverschmutzung oder des Klimas, der Baum ist ein bevorzugter Zeuge des urbanen Geschehens und ein Symbol, das das geschulte Auge des Fotografen zu rühmen versteht.

Jean-Claude Dubost

Martine Franck, France, *France,* Frankreich, 1976. **7**

8 | Werner Bischof, Japan, *Japon,* Japan, 1951.

Gueorgui Pinkhassov, France, *France,* Frankreich, 1993.

10 | Peter Marlow, England, *Angleterre,* England, 1996.

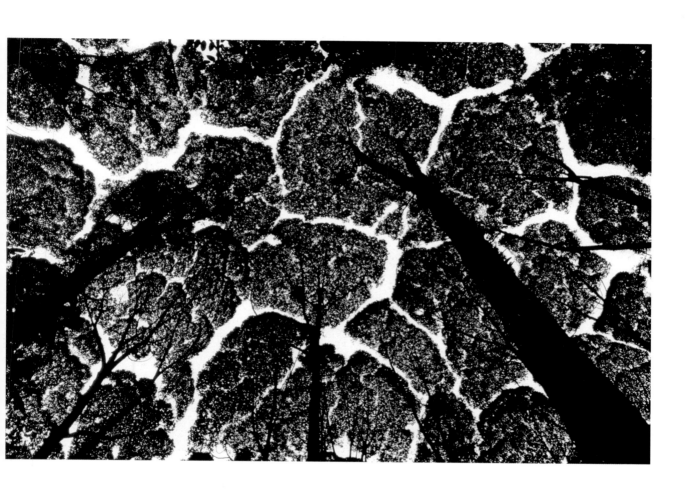

Stuart Franklin, Malaysia, *Malaisie,* Malaysia, 1997. **11**

| Marc Riboud, Cambodia, *Cambodge,* Kambodscha, 1969.

René Burri, Pakistan, *Pakistan,* Pakistan, 1963. **17**

Marc Riboud, China, *Chine,* China, 1983. **19**

Bruno Barbey, Morocco, *Maroc,* Marokko, 1987. | **21**

David Hurn, England, *Angleterre,* England, 1983.

Hiroji Kubota, Mongolia, *Mongolie,* Mongolei, 1978.

| Harry Gruyaert, USA, *États-Unis,* USA, 1981.

Guy Le Querrec, Equatorial Guinea, *Guinée-Équatoriale,* Äquatorial-Guinea, 1990. | **33**

34 Richard Kalvar, France, *France,* Frankreich, 1970.

Raymond Depardon, France, *France,* Frankreich, 1987. | **35**

36 | Elliott Erwitt, France, *France,* Frankreich, 1969.

Henri Cartier-Bresson, France, *France,* Frankreich, 1959.

Abbas, China, *Chine,* China, 1989. **41**

George Rodger, Soudan, *Soudan,* Sudan, 1949.

Josef Koudelka, Czechoslovakia, *Tchécoslovaquie,* Tschechoslowakei, 1991. **45**

Henri Cartier-Bresson, Switzerland, *Suisse,* Schweiz, 1978. **47**

Carl De Keyzer, France, *France,* Frankreich, 1997. **49**

W. Eugene Smith, USA, *États-Unis,* USA, 1946.

| Martine Franck, Spain, *Espagne,* Spanien, 1993.

Jean Gaumy, Italy, *Italie,* Italien, 1977.

Gueorgui Pinkhassov, USSR, *URSS,* UdSSR, 1978.

David Hurn, USA, *États-Unis,* USA, 1980.

René Burri, USA, *États-Unis,* USA, 1966.

Page 7: Reillanne, Alpes-de-Haute-Provence, France.
Martine Franck, 1976.
Page 7 : *Reillanne, Alpes-de-Haute-Provence, France.*
Martine Franck, 1976.
Seite 7: Reillanne, Alpen der Haute-Provence, Frankreich. Martine Franck, 1976.

Page 8: Shinto priests in the garden of the Meiji Temple, Tokyo, Japan.
Werner Bischof, 1951.
Page 8 : *Prêtres shintoïstes dans le jardin du temple Meiji à Tokyo, Japon.*
Werner Bischof, 1951.
Seite 8: Schintoistische Priester im Garten des Meiji-Tempels, Tokio, Japan. Werner Bischof, 1951.

Page 9: The Pays de Caux, Normandy, France.
Gueorgui Pinkhassov, 1993.
Page 9 : *Le pays de Caux, Normandie, France.*
Gueorgui Pinkhassov, 1993.
Seite 9: Pays de Caux, Normandie, Frankreich. Gueorgui Pinkhassov, 1993.

Page 10: Seaham, England.
Peter Marlow, 1996.
Page 10 : *Seaham, Angleterre.*
Peter Marlow, 1996.
Seite 10: Seaham, England. Peter Marlow, 1996.

Page 11: Kepong, forest reserve, Malaysia.
Stuart Franklin, 1997.
Page 11 : *Forêt de Kepong, Malaisie.*
Stuart Franklin, 1997.
Seite 11: Wald von Kepong, Malaysia.
Stuart Franklin, 1997.

Pages 12-13: The pampas south of Buenos Aires, Argentina.
René Burri, 1958.
Pages 12-13 : *La plaine de la Pampa au sud de Buenos Aires, Argentine.*
René Burri, 1958.
Seite 12-13: Die Pampa südlich von Buenos Aires, Argentinien.
René Burri, 1958.

Page 14: Kapok tree in Angkor, Cambodia.
Marc Riboud, 1969.
Page 14 : *Fromager à Angkor, Cambodge.*
Marc Riboud, 1969.
Seite 14: Kapokbaum in Angkor, Kambodscha.
Marc Riboud, 1969.

Page 15: Refugees from Bangladesh in Calcutta, India.
Marc Riboud, 1971
Page 15 : *Réfugiés du Bangladesh à Calcutta, Inde.*
Marc Riboud, 1971.
Seite 15: Flüchtlinge aus Bangladesch in Calcutta, Indien.
Marc Riboud, 1971.

Page 17: Fort Rhotas, Old Moghul fort, Pakistan.
René Burri, 1963.
Page 17 : *Fort Rhotas, vieux fort moghol, Pakistan.*
René Burri, 1963.
Seite 17: Fort Rhotas, ein altes Mogul-Fort, Pakistan.
René Burri, 1963.

Pages 18-19: 'The pine tree that grows at the end of a dream paintbrush'. Left: Mount Sublime. Huang Shan, China.
Marc Riboud, 1983.
Pages 18-19 : *« Le pin-qui-pousse-au-bout-d'un-pinceau-de-rêve ». À gauche : le mont Sublime. Huang Shan, Chine.*
Marc Riboud, 1983.
Seite 18-19: „Die bis ans Ende eines 'Malpinsel-Traumes' wachsende Kiefer". Links: Berg Sublime. Huang Shan, China.
Marc Riboud, 1983.

Pages 20-21: Tiznit, south of Agadir, Morocco.
Bruno Barbey, 1987.
Pages 20-21 : *Tiznit, au sud d'Agadir, Maroc.*
Bruno Barbey, 1987.
Seite 20-21: Tiznit, südlich von Agadir, Marokko.
Bruno Barbey, 1987.

Page 22: Westonbert Arboretum, Gloucester, England.
David Hurn, 1983.
Page 22 : *L'arboretum de Westonbert, Gloucester, Angleterre.*
David Hurn, 1983.
Seite 22: Westonbert Arboretum, Gloucester, England.
David Hurn, 1983.

Page 23: Autumn foliage in the hill country of northern Vermont, New England, USA.
Dennis Stock, 1989.
Page 23 : *Feuillage d'automne dans les collines du Vermont du Nord, Nouvelle-Angleterre, États-Unis.*
Dennis Stock, 1989.
Seite 23: Herbstlaub in den Bergen des Nordens von Vermont, New England, USA.
Dennis Stock, 1989.

Pages 24-25: The Redwood National and State Park along the Pacific Coast in northern California, one of the few remaining places where ancient redwoods are able to survive. Some are more than two thousand years old. Crescent City, California, USA.
Hiroji Kubota, 1991.
Pages 24-25 : *Le Redwood National and State Park le long de la côte du Pacifique en Californie du Nord, l'un des derniers rares endroits où les vieux séquoias peuvent survivre. Certains ont plus de deux mille ans. Crescent City, Californie, États-Unis.*
Hiroji Kubota, 1991.
Seite 24-25: Der Redwood National and State Park entlang der Pazifikküste Nordkaliforniens gehört zu den wenigen Gebieten, wo die alten Mammutbäume zu überleben vermögen. Einige sind über zweitausend Jahre alt. Crescent City, Californien, USA.
Hiroji Kubota, 1991.

Pages 26-27: The banks of Songhua Jiang river in Jilin city, known for their hoar-frost in winter. This hoar-frost called 'snowed willow' can be seen the morning on the trees and disappears by midday. Jilin, Mongolia. Hiroji Kubota, 1978.
Pages 26-27 : *Les rives du fleuve Songhua Jiang dans la ville de Jilin, connues pour leur habit de givre en hiver. Il apparaît le matin sur les arbres et disparaît avant midi.*

Stuart Franklin, 1997.

Jilin, Mongolie.
Hiroji Kubota, 1978.
Seite 26-27: Die Ufer des Songhua-Jiang-Flusses in der Stadt Jilin sind für ihren Rauhreif im Winter bekannt. Er bedeckt die den Fluß säumenden Bäume und verschwindet um die Mittagszeit. Jilin, Mongolei. Hiroji Kubota, 1978.

▪ **Pages 28-29:** Las Vegas, USA. Harry Gruyaert, 1981.
Pages 28-29 : *Las Vegas, États-Unis.*
Harry Gruyaert, 1981.
Seite 28-29: Las Vegas, USA. Harry Gruyaert, 1981.

▪ **Pages 30-31:** The Serbsky Institution for Psychiatric Expertise, Moscow, Russia. Lise Sarfati, 1995.
Pages 30-31 : *Institut psychiatrique Serbsky, Moscou, Russie.*
Lise Sarfati, 1995.
Seite 30-31: Das psychiatrische Institut Serbsky in Moskau, Rußland. Lise Sarfati, 1995.

▪ **Page 33:** Malabo, Bioko Island, Equatorial Guinea. Guy Le Querrec, 1990.
Page 33 : *Malabo, Île de Bioko, Guinée-Équatoriale.*
Guy Le Querrec, 1990.
Seite 33: Malabo, Insel Bioko, Äquatorial-Guinea. Guy Le Querrec, 1990.

▪ **Page 34:** Buttes-Chaumont Park, Paris, France. Richard Kalvar, 1970.
Page 34 : *Parc des Buttes-Chaumont, Paris, France.*
Richard Kalvar, 1970.

Seite 34: Der Park Buttes-Chaumont, Paris, Frankreich. Richard Kalvar, 1970.

▪ **Page 35:** Sceaux Park, France. Raymond Depardon, 1987.
Page 35 : *Parc de Sceaux, France.*
Raymond Depardon, 1987.
Seite 35: Der Park von Sceaux, Frankreich. Raymond Depardon, 1987.

▪ **Page 36:** Tuileries Garden, Paris, France. Elliott Erwitt, 1969.
Page 36 : *Jardin des Tuileries, Paris, France.*
Elliott Erwitt, 1969.
Seite 36: Der Garten der Tuilerien, Paris, Frankreich. Elliott Erwitt, 1969.

▪ **Page 37:** Palais-Royal Garden, Paris, France. Henri Cartier-Bresson, 1959.
Page 37 : *Jardin du Palais-Royal, Paris, France.*
Henri Cartier-Bresson, 1959.
Seite 37: Der Garten des Palais-Royal, Paris, Frankreich. Henri Cartier-Bresson, 1959.

▪ **Pages 38-39:** On branches at the Central Park lake in New York City, USA. Bruce Davidson, 1992.
Pages 38-39 : *Sur les branches des arbres entourant le lac de Central Park, New York, États-Unis.*
Bruce Davidson, 1992.
Seite 38-39: Spielende Kinder am See des Central Park, New York, USA. Bruce Davidson, 1992.

▪ **Page 40:** San Agustín Oapan,

Guerrero State, Mexico. Abbas, 1984.
Page 40 : *Village de San Agustín Oapan, État de Guerrero, Mexique.*
Abbas, 1984.
Seite 40: Das Dorf San Agustin Oapan, Bundesstaat Guerrero, Mexiko. Abbas, 1984.

▪ **Page 41:** Poplar trees in Kashgar, along the famed Silk Route. Xinjiang province, China. Abbas, 1989.
Page 41 : *Peupliers à Kashgar, sur la célèbre Route de la soie. Province de Xinjiang, Chine.*
Abbas, 1989.
Seite 41: Pappeln in Kashgar. Kaxgar liegt an der einst berühmten Seidenstraße. Provinz Xinjiang, China. Abbas, 1989.

▪ **Page 43:** Combat with bracelets between a man from Kao-Nyaro and a man from Fangor in front of a baobab tree. Village of Kao-Ntaro, Sudan. George Rodger, 1949.
Page 43 : *Lutte aux bracelets entre un homme de Kao-Nyaro et un homme de Fangor, devant un baobab. Village de Kao-Nyaro, Soudan.*
George Rodger, 1949.
Seite 43: Vor einem Baobab ein Armbandkamf zwischen einem Mann aus Kao-Nyaro und einem Mann aus Fangor. Dorf Kao-Nyaro, Sudan. George Rodger, 1949.

▪ **Pages 44-45:** Landscape devastated by the exploitation of a coal mine at the foot of the Metallic Mountains,

Czechoslovakia. Josef Koudelka, 1991.
Pages 44-45 : *Paysage dévasté par l'exploitation d'une mine de charbon. Région située au pied des monts Métalliques, Tchécoslovaquie.*
Josef Koudelka, 1991.
Seite 44-45: Eine vom Kohlenbergwerk zerstörte Landschaft am Fuß der Metallberge, Tschechoslowakei. Josef Koudelka, 1991.

▪ **Page 46:** Rwandan refugees in the Benaco camp, Tanzania. Eli Reed, 1995.
Page 46 : *Réfugiés rwandais dans le camp de Benaco, Tanzanie.*
Eli Reed, 1995.
Seite 46: Flüchtlinge aus Rwanda im Lager Benaco, Tanzanien. Eli Reed, 1995.

▪ **Page 47:** Switzerland. Henri Cartier-Bresson, 1978.
Page 47 : *Suisse.*
Henri Cartier-Bresson, 1978.
Seite 47: Schweiz. Henri Cartier-Bresson, 1978.

▪ **Pages 48-49:** Unloading by horse, Bruche Valley, Vosges, France. Carl De Keyzer, 1997.
Pages 48-49 : *Débardage à cheval. Vallée de la Bruche, Vosges, France.*
Carl De Keyzer, 1997.
Seite 48-49: Ausladen zu Pferd. Bruche-Tal, Vogesen, Frankreich. Carl De Keyzer, 1997.

▪ **Page 51:** "A walk in Paradise Garden", the Smith children, USA.

W. Eugene Smith, 1946.
Page 51 : « *Une promenade dans le jardin d'Éden », les enfants du photographe. États-Unis.*
W. Eugene Smith, 1946.
Seite 51: „Ein Spaziergang im Garten Eden", die Smith-Kinder, USA.
W. Eugene Smith, 1946.

- **Page 52:** Fuente del Barro Park, Madrid, Spain.
Martine Franck, 1993.
Page 52 : *Parc de Fuente del Barro, Madrid, Espagne.*
Martine Franck, 1993.
Seite 52: Park Fuente del Barro, Madrid, Spanien.
Martine Franck, 1993.

- **Page 53:** Burano, Italy.
Jean Gaumy, 1977.
Page 53 : *Burano, Italie.*
Jean Gaumy, 1977.
Seite 53: Burano, Italien.
Jean Gaumy, 1977.

- **Page 54:** Autoportrait in a courtyard, Bakou, USSR.
Gueorgui Pinkhassov, 1978.
Page 54 : *Autoportrait dans la cour, Bakou, URSS.*
Gueorgui Pinkhassov, 1978.
Seite 54: Selbstporträt in einem Hof, Baku, UdRSS.
Gueorgui Pinkhassov, 1978.

- **Page 55:** Park in Leningrad, USSR.
Carl De Keyzer, 1989.
Page 55 : *Parc à Leningrad, URSS.*
Carl De Keyzer, 1989.
Seite 55: Park in Leningrad, UdRSS.
Carl De Keyzer, 1989.

- **Page 56:** Cactus forest road near Florence, Sun City, Arizona, USA.
David Hurn, 1980.
Page 56 : *Forêt de cactus sur la route près de Florence, Sun City, Arizona, États-Unis.*
David Hurn, 1980.
Seite 56: Kaktuswald an der Straße nahe Florence, Sun City, Arizona, USA.
David Hurn, 1980.

- **Page 57:** Fort Lauderdale, Florida, USA.
René Burri, 1966.
Page 57 : *Fort Lauderdale, Floride, États-Unis.*
René Burri, 1966.
Seite 57: Fort Lauderdale, Florida, USA.
René Burri, 1966.

- **Pages 58-59:** Service at the Christian Drive In Church. Daytona Beach, Florida, USA.
Carl De Keyzer, 1990.
Pages 58-59 : *Célébration de la messe dans une église « drive-in ». Daytona Beach, Floride, États-Unis.*
Carl De Keyzer, 1990.
Seite 58-59: Gottesdienst in einer Drive-in-Kirche. Daytona Beach, Florida, USA.
Carl De Keyzer, 1990.